AF237583

Dimitar Christov

KLAGELIEDER UND TRINKSPRÜCHE

Gedichte

Aus dem Bulgarischen von Rumjana Zacharieva

edition
andiamo

All rights reserved. Alle Rechte vorbehalten.

Originalausgabe

© 2021

edition andiamo

Übersetzung: Rumjana Zacharieva

Lektorat: Sebastian Schneider

© Umschlag-Fotografik: Jan Turovski

Herstellung und Verlag:

BoD – Books on Demand, Norderstedt.

ISBN 978-3-7534-7380-2

Printed in Germany

Herzrhythmus

Poesie, verlasse mich nicht,
du, Schreibfeder im großen Feuer,
ein Leben ohne dich ist die Wüste,
und ich - Gefangener im Verlies.
Denn du bist die Freiheit dessen,
was ich erlebt und erträumt,
du unter der Haube - ein mutiges Fräulein
gegen den Willen der Eltern.

Poesie, verlasse mich nicht,
du, Ahnung einer Liebkosung,
du, Hauch unersättlicher Lippen
nach dem Besitz der Liebsten.
Du bekreuzigst mich, küsst mich
bevor ich dir alles beichte,
virtuos, gnadenlos unnachgiebig
stimmst du die zarten Saiten.

Wenn du weit, nicht mehr da bist, wird
mein Herz mit Eisnadeln durchstochen,
ununterbrochen schmilzt die Glut,
es dampft und leuchtet sein Licht.
Ich richte mich auf, halb lebend - halb tot
unterm Drang des unersättlichen Triebs,
im Sog des Vergessens entdecke ich dich
im immerwährenden Herzensrhythmus.

Blinde Liebe

Blind vor Liebe suchen wir einander
in der Stadt, groß und gleichgültig.
Zum Rückspulen des Filmstreifens
ist es zu spät, wenn wir uns gefunden.

Der Film wird nur noch weiter laufen
wir - Haupthelden, Hauptzuschauer -
und unsere Liebe - so mächtig,
dass wir es nicht mal versuchen werden
vorbeizugehen, anzuhalten
und die Prüfung zu überstehen ...

Ausgebrannt, aufgelöst in Tränen
wirst du das Make-up mit Milch wegwischen,
von einem Vollmond zum anderen
wird uns die Lust göttlich gestalten.
Küsse ich dich als Erster,
antwortest du mit einem Lied,
küsst du mich als Erste,
erhebe ich dich zum Tempel.
In meiner Liebe, so kopflos
siege ich um Neues zu schaffen .

Liebesfieber

Sie entgleitet,
entgleitet schon wieder
die Illusion Liebe.
Mit den Augen der giftigen Natter
verfolgt mich die Lust,
berührt mich die tödliche Zunge.
Kakteen züchten lernte ich nie,
wurde kein Gitter für Kletterpflanzen.
Die Sanduhr, in der wir gefangen
waren, zerbrach ich einfach -
es war ewig das Gleiche.
Jetzt bin ich nur eine Handvoll Sand
in den Räuberklauen des Windes ...
Wehe mich auseinander, Wind,
ich bin nur Blütenstaub, bestäube
die Fruchtbäume mit mir.
Die Liebe ist ein Augenblick nur,
eine Saison, bloß keine Ewigkeit!
Aus dem Kasten der Zeit heraus,
wird sie verwüstet dort, wo das Meer
ihre Pulsschläge gemessen.
Wehe mich auseinander, Wind,
lass mich schmelzen im Flüstern der Äste,
lass uns die Glut entfachen,
die Luft entflammen, lass Regen kommen
und mich den fröhlichen Teenager sein
berauscht, und sorglos bereit
das ganze All zu begatten.

Das All

Stell mir nicht
die ewige Frage
wo ich bin,
woran ich denke, gerade
wenn ich das All
durchquere,
die Unendlichkeit der Weite
und Häfen.

Ich lebe nicht im Augenblick,
der verstrichen, ich streune
im Vorahnungsfeld des Lebens
und ich bin nie übersättigt
und ich bin niemals allein.

Holst du mich ein,
Geliebte,
ich kann nicht mehr warten,
du sollst meine Kopflosigkeit
verzeihen -
das Geheimnis des Dunklen -
das ich liebe.

Reich mir die Hand
und lange
lass dich durchs Unermessliche führen,
über uns werden
Leuchtkäfer
seltsame Sternbilder zeichnen.

Wer ist sie

Sie ist das Mädchen,
Sie ist die Träne,
Sie ist die Schneeflocke
im Feuerofen,
Sie ist der Tau
beim Sonnenaufgang,
Sie ist der süßeste
Lichttaumel!

Sie schmeckt bitter
nach Kaffee,
Sie duftet herb
nach Most,
Sie ist ein Wind-Nest
bloß. Sie -
undurchdringlicher
tiefer Wald!

Sie ist Unschuld
und Teufelslust,
Taumel und Flug,
Abgrund und Himmel.
Sie ist die Harmonie,
Sie ist der Kontrast,
Sie ist die Liebe.
Sie fängt nie an,
Sie endet nie.

Widmung

Du kommst herein und fängst an aufzuräumen,
weißt du aber, wie lieb mir die Unordnung ist,
der du mich ständig einfach so beraubst?
Du sorgst für Ordnung, der ich fremd bin,
in der ich keinen Platz für mich selbst finde.
So richtig müssen meine Verse sein und
müssen im Park der Worte wuchern,
nur vor dem Herbst *zurecht gestutzt,*
zur Ordnung reif gerufen.

Anständig, angemessen, alles brav geordnet
damit man Salz und Zucker nicht vertauscht.
Ich zucke bloß mit Wimpern, überspiele
den Liebesdrang, die Lust unangemessen.
Und prompt beseitigt ist das Chaos. Zeit und Raum
sind so genau gemessen und in Spalten aufgereiht,
dass wir sofort ganz leicht erraten können wann,
wie und wo wir sterben dürfen, müssen, werden.

Retro

*… ihr sollt mich nicht bedauern der jungen Kraft wegen
die ich verschwendet habe: es war ein schöner Traum!*
                              Kiril Christov

Weib, Wein und Gesang! Gesang und Weib!

Geliebte, umarme mich jetzt, bitte,
in dieser langersehnten Stunde, schlafe
nicht ein, da über uns die Liebe kreist.

Weib, Wein und Gesang! Gesang und Weib!

Geliebte, träume nicht von fremden Tagen,
trink diesen Augenblick der Zärtlichkeit
bis auf den Grund, lausche dem leisen
Schrei aus deinem Munde.

Weib, Wein und Gesang! Gesang und Weib!

Geliebte, dein Antlitz glüht und ahnt wie
bodenlos der Schoß der Menschenseele,
wie unermesslich das intime Spiel.

Weib, Wein und Gesang! Gesang und Weib!

Geliebte, du sollst nichts Böses sagen, deuten,
da draußen ist die Welt grob zur Genüge
und in der Liebe gibt es kein Tabu.

Weib, Wein und Gesang! Gesang und Weib!

Geliebte, verdamme jetzt die Einsamkeit
Alt sein mit dir zusammen kann nicht sein,
für jede Krankheit hast du allein die Arznei.

Weib, Wein und Gesang! Gesang und Weib!

Geliebte, gib mir meine Freiheit wieder,
das Leben ist das großzügigste Streben
nach allem Haben und nach allem Geben.

Unmögliche Liebe

Wohin ich auch gehe,
komm ich endlich zum Meer
siehe da - es ergreift mich,
verschlingt mich bodenlos,
hebt mich empor
auf dem Kamm seiner Welle!

Die Trennung vom Meer ist grausam,
es würde nie protestieren
dagegen, doch ich ahne
den bitteren Atem in meiner Brust ...

Ich bin bereit für die letzte Welle,
niedersausend auf mich, und ich
kehre für immer zurück ins Meer.

Nach so viel Begegnung und Trennung
lieben wir immer mehr.
Jede Begegnung ist stets die Erste
und jede Trennung - die Letze.

Nichts wiederholt sich - und niemals -
außer der Lust nach der unmöglichen Liebe.

Glücksrezept

Am besten bist du
in die eigene Frau verliebt,
vorausgesetzt
sie ist es auch -
das ist das wahre
Familienglück
des Jahrhunderts.

Bist du gierig und willst
samt der eigenen
auch die Liebe
der Anderen,
wirst du einsamer
als der Köter im Winter
ohne Dach
überm Kopf.

Glücksrezepte
gibt es zu Hunderten,
ich aber kenne nur eins
und es reicht:
wenn du liebst,
liebe hundert %,
wenn nicht,
schlaf mit der Einsamkeit!

Greise

Es blüht und schönt der Juni
als gäbe es den Tod nicht, das Vergessen …
Gehstöcke samt den Greisen klopfen
schlurfenden Gangs vorbei
an Jungen und Mädchen
berauscht von Zärtlichkeit -
was für eine göttliche Anziehung
drängt in die Adern der Jugend.

Es blüht und schönt der Juni.
Sie lassen sich im Park nieder,
stützen sich schwer auf den Spazierstock
im Schatten der Vergangenheit.
Denken an jene Begegnung,
an Scheu und Liebesentzücken,
schmelzen wie dünne Kerzen dahin,
blind vor Hitze und Sonne.

Es blüht und schönt der Juni! …
Das ist die Horror-Grenze!
Die jungen Herden traben, aber
ein leeres Glas ist das Altern.
Stimmt all das? Im Alter ist alles
kaum so einfach -
die Linden-Greise
blühen frenetisch, überall
ertönen honigsüß die Laute …

Es blüht und schönt der Juni - Tod,
Alter und Vergessen, die gibt es nicht.
Die Gehstöcke der Greise klopfen
auf den Gehsteig, schlurfen langsam
an ihren Wünschen flüchtig und … vorbei.
Die Alten wissen: ewig ist die Liebe
und eine Altersgrenze gibt es nicht
für Liebende und Todgeweihte.

Eigenbrötler I

An mir vorbei - Menschen und Zeit,
mein eigen wurde jede ihrer Sünden,
ich will von ihnen nichts mehr haben,
sie nahmen alles weg, was ich mal war.

Mutterseelenallein, der Seefahrer bin ich,
ruderlos, segellos zurückgeblieben,
Mein Kreuz ist nur die Richtung,
und meine Frau - der Abgrund.

Die hässlichen Frauen

Müde, die Frauen gehen langsam,
ihr Arbeitstag ist zu Ende,
sie spüren - ihre Krampfadern
pulsieren auf dem Weg nach Hause.

Da empfängt sie banaler Alltag:
Wäsche, Spülen, das Chaos ...
Mit dem Mann - Tunichtgut oder Pedant -
flammen zwei, drei Skandale auf.

Kaum würde man fürsorglich
ihr Ohr mit zartem Wort berühren.
Und wenn sie endlich schlummern,
lächeln sie - was mögen sie träumen?

Kann dieses öde Leben nicht einmal
den einen echten Traum anbieten
und alles, was in ihm passiert, das ganze
Hässliche ins Schöne verwandeln?

Es merkt wohl keiner, dass sie auch
verkappte Schöne sind, deren Sonne,
dem Untergang geweiht, noch scheu ist,
bereit zu lieben und zu wollen.

Sie können lieben, echt, hingebungsvoll,
groß ist die Liebe, heiß und wunderbar,
strahlend mit jeder Schwangerschaft
und jedes eigene Kind vergötternd.

Gottgleich für sie ist der Geliebte
auch - ihr eigener Anbeter.
Nein, das ist keinesfalls Idylle,
sie wissen es, es ist verdient.

Und morgens, auf dem Weg zur Arbeit,
träumt jede: möge was geschehen,
statt bissig-böse und schwach,
trotz allen Alltags, trotz öden Lebens,

möge Leidenschaft die Unschuld wecken,
sie spüren lassen, wie lebendig auch
sie noch sind und jede, einer Göttin gleich
mit stolzem Gang die Welt verzaubert.

Mein Vater

Vater trägt meine alten Kleider auf,
schon abgenutzt und umgeändert.
Mein Gott, woher stammen sie, diese
Hundejahre mit kläglichem Gehabe!
Vater ist gar nicht peinlich berührt,
jung in meinen alten Kleidern, fragt er,
warum ausgerechnet die Veteranen
in unserem alten Staate der Schmach
geweiht sind, ausgerechnet sie, die
mit den ehrenhaften Biographien,
Not leiden und winters frieren?!
Und die heutigen Diebe
mit *Lord* und *Graf* betitelt sind …,
und warum sind die alten Verdienste
heute keinen Pfifferling mehr wert?
Mein Vater, jung angezogen, geht
an teuren Schaufenstern und blendenden
Snobs vorbei, unberührt von ihrem
schalen Ruhm - er hat seine Freunde,
unschätzbar und ewig - die Bücher,
womit er das alles überleben und mit jung
strahlenden Augen in bessere Zeiten,
in einem anderen Jahrhundert landen wird.
Hoffentlich kann ich ihn dort empfangen,
nicht altern und Schritt mit ihm halten,
und die Jugendjahre meines Nachfolgers
genau wie er an Leib und Schultern abtragen.

Romantik XXI

Ich bin der Sammler von Niederlagen
um sie in Siege zu verwandeln,
suche den Sinn zwischen den Zeilen,
mitten im Leben und seinem Chaos.

Ich suche den codierten Sinn
im Menschen und in der Natur,
den Rahmen Logik sprengen sie,
meine Gier danach ist die Suche.

Ich dringe in schlaue Kristallen ein,
in Gene von Generationen.
Robotern flöße ich heiße Liebe ein,
Rhythmen von Versen und Strophen.

Bald gehe ich im All spazieren,
während ich aus dem Schoß der Erde
strahlenden Edelmut schöpfe, und dunkle
Trauer, noch nie vom Menschen besungen.

Ich hasse von Grund auf das Primitive
und weiß: noch grausamer ist das Genie
des Bösen, es tötet mit bunten Träumen
sogar Kinder im Leib - noch ungeboren.

Warum denn - in dieser kosmischen Ära -
die Scholle mit Pflügen noch kratzen,
uns weiter noch mit dem Brot messen
während auf Erden Kinder verhungern!

Im Überfluss langweilen sich einige,
Millionen sterben in Armut und Not,
lauter Krankheiten blühen auf, gedeihen
dank Hunger, Überfressen und Stress.

Wo ist die Romantik heute geblieben,
hast du dich, Mensch, selbst erkannt,
hast du auf Erden oder im Himmel
Zeichen des Gleichgewichts gesichtet?

Ein Gefangener in Büros und Kanzleien,
in Wohnungen und Fabriken,
fertig bist du vor Überlastung
auf der Jagt nach Prozenten und Beteiligung.

Verwandelt wird die Liebe zur Kette
aus Gewohnheit und Pflichten,
dein Gefühlsleben wird stets durchwühlt
und man verspricht ihm die Rettung.

Vergiftet von so viel Staub und Rauch,
versinkst du einfach in Ruß und Abfall,
von jedem neuen Aufstand berauscht,
mordest *Mutter-Natur* einfach weiter.

Was habe ich nicht alles falsch gemacht
wie lebe ich belastet, niemals weiser,
ich starb mit so vielen Ideen gemeinsam
und suche noch Gott und das Gerechtsein.

Unvorhersehbar, mache ich weiter,
mit mir selbst um die Wette laufend,
träumend von einem Staate,
wo Skepsis und Dunkel Vergangenheit sind.

Wo mag ich einen Hafen finden,
ich, der besiegt von Müdigkeit und Wunden,
ich, ergebener Sklave von Schimären,
von der Unendlichkeit der Weite?

Im Leib der Erde oder hoch im Himmel
werde ich schmelzen, mich verstreuen …
Solange es Geheimes in dieser Welt gibt,
werde ich heimlich stets neu auferstehen.

Vorstadtkino

Die Leinwand im Vorstadtkino
und knarrende Holzstühle davor,
vor vielen Jahren lackiert, lassen uns
von den Plätzen Besitz ergreifen.

Wie im Verlies ist das Dunkel gemeinsam
und wir, zum Preis einer Eintrittskarte
eingesperrt, starren stumm auf die Leinwand
- ein riesiges Fenster, das auf uns strahlt.

Die Filme laufen, einer nach dem anderen,
und wenn der Streifen reißt, dann ahnen
wir: der Lebensfilm ist unerbittlich kurz,
die Leinwand gegenüber ist einfach stumm.

Wir wollen unbedingt aufspringen
und in die bodenlose Leinwand steigen,
da kommt jedoch schon irgendeiner,
drückt den schwarzen Knopf, und wir

bewundern wieder die Lieben anderer,
den fremden Geist, die Backstage-Intrigen,
leicht sind die Rollen, die wir spielen -
wir spielen uns - wir sind ja keine Schauspieler!

Beneiden tun wir die Leinwand-Helden,
die alles Eigene verloren haben,
dabei jedoch den schlimmsten Zweikampf
gewonnen - den um die Gunst des Publikums.

Der Film ist aus, seltsam - die Gesichter
beim Verlassen des Saals im grellen Licht:
die graue Leinwand, staubig, taumelnd
schweigt - wie sehr sie uns belogen, weiß sie nicht.

Furchen

Du hast dich selbst dazu geweiht.
Am hellsten Morgen wird die wunde Seele weinen
als würde dich die Winternacht verschütten,
doch Ruhe wird dem Pflüger nie zuteil,
der seinen Pflug in harte Erde steckt.
Und du wirst schreiten unter dieser ganzen
Last, die dir die Pflicht aufbürdet, unausweichlich,
die Furchen, eine nach der anderen, zu ziehen.
Erdschichten, die sich nach Früchten sehnen,
werden beim tiefen Pflügen freigelegt.
Der Frühlingsregen wird zur Genüge fallen
und junges Korn wird wieder wachsen,
obwohl es alte, graue Krähen fraßen
und Kälte drang ihm bis ins Herz.
Der Herbst kommt bald mit Drusch und Tennen,
da strahlt das reife Korn, du lächelst - endlich!

Die Ernte wird nicht dein sein. Fremde Hände

wird es freuen. Einmal so angefangen,
wirst du die Brache wieder pflügen und beleben
durch Treppen-Furchen bis zum Horizont.

Vorwurf

Und wir gehen aneinander vorbei oder
sehen wir uns, bringt es nichts Gutes.
Neidische Pfeile fliegen umher
werfen irgendein Bienenstock um.

Unkraut streut giftige Samen,
sie wachsen auf, sie tragen Bosheit.
Gott wird zu Satan, ist kein lieber Herr
mehr, verzeiht, so ist es angenehmer.

Verzeiht? - Ich bitte sehr, wer soll das tun?!
Wer stark ist, kann als einziger verzeihen.
Der Glaube aber, windelweich gehauen,
stirbt, wenn jeder Schützer seiner selbst wird.

Der Teufel auch, die Aureole um die Hörner,
schmückt sich mit Selbstbewusstsein,
doch seine Fratze, entstellt von Zahnweh,
zittert mit zerbissenen Lippen weiter ...

Die Hochzeitsgäste denken an die Scheidung,
die Leidenschaftlichen - an eiskalte Ruhe...
Der Roboter fragt einzig eines Tages
seinen Doppelgänger: *Wer bist du?*

Das verlassene Haus

Ein stummes Haus mit heulenden Türen,
ein leeres Haus mit Falten an Wänden,
dort webt die Spinne berechnend
das Netz ihrer Raubgier beständig.

Ein altes Haus ist das, voller Wärme
zwischen den Backsteinen im dunklen Kamin;
der Sonnenaufgang stiert es an, durchdringt es,
von Eulenschrei und Krallen wird es überfallen.

Rußflocken fliegen - schwarzer Schnee -
in diesem toten Haus mit schiefen Schwellen.
Der milde Duft nach Quitten fehlt,
nur Mäuse, hungrig, sausen hin und her.

Beklagenswertes Haus, keine Heimstatt mehr
Hausfrau und Herr hört man nicht singen.
Nur buckelige Schatten streunen durch die Räume.
Der Nachtwind stranguliert sich selbst an der Gardine.

Und fällt vom Himmel mal ein Meteor,
wird er vom Dach gerufen durch die Ritzen
Haus und Hof voll Unkraut zu beleuchten.
Und nur Erinnerung darf an die Türen klopfen.

An meine Kindheit

Die Stadt ist grau. Steindschungel.Tosend,
brüllend, wütend, vergiftet von Motoren.

Das Kindsein welkt dahin, verdammtes Erinnern,
ewig in Richtung Vergangenheit glotzend.

Ich bin erwachsen, da schrumpft verloren
die längst verflogene Seele der Kindheit.

Nach dem ersten Besuch des Teufels
verließ mich der jungfräuliche Traum.

Die Schmerzen, nicht reingewaschen
durch Tränen. Im Lachen kein lichter Schaum.

Ich schweige finster und bloß, unzufrieden
kann ich die verspielte Kindheit anschaun.

Oh, erste Regungen der Jugend! Geblendet
such ich euch tastend durch die Welt.

Auch wenn ihr aufersteht, werde ich
euch niemals wiederholen. Es ist zu spät.

Arbeitstag I

An Andrej, Nedjalko, Venci, Angel

Wenn ihr alle weg seid,
mit müdem Lächeln *Auf Wiedersehen!*
gesagt, bleibe ich in diesem Zimmer
eingemauert,
setze die Poesie in Bewegung.

Die Arbeitsplätze schweigen leer,
ich sehe euch jedoch
immer noch da stehen,
immer noch keine Zeit für den kleinen Schwatz
immer noch keine Zeit fürs Spazierengehen.

Immer noch keine Zeit für etwas Intimes,
immer noch keine Zeit für ein bisschen Ruhe,
nur ein Kaffee *to go*,
einmal nur flüchtig nicken,
beschwert mit den *großen Fragen des Lebens.*

Wann soll man stehen bleiben, schauen,
das, was man durchgemacht
und unvollendet hinterlassen hat?
Von zu viel Schauen wird man Letzter,
missmutig die eigene Spur betrachtend.

Wir denken unterwegs stets nach.
Wer wird denn schon gestehen,
dass Stillstand in die Herzen kriecht,
und wir verharren nur und träumen,
während die Arme schwächer werden.

Wir denken unterwegs,
die Zeit, sie bleibt nicht stehen,
verzeiht, ihr selbst ernannten Philosophen,
nur, fehlt dem Verstand die starke Rechte

für die Arbeit, da bleibt uns immer noch
das Leeren von Mülleimern.

Da ist die Richtung,
Kraft und Glaube gibt es,
was braucht man mehr, damit wir
unsere Zeit
doch nicht verfehlen
und Teil der Zukunft werden ...

PKVs und Jeans,
Brot und Orangen,
beide Schlüssel - den von der Wohnung
und den vom Wochenendhaus -
was kratzt uns schon, dass wir sofort
einschlafen, den heiligen Glauben verdauend!

PKVs und Jeans,
Brot und zärtliche Berührung,
Gemütlichkeit, ein schöner Alltag -
das braucht man,
nur dass *die Oase*, in der wir stecken,
uns kleine Menschlein, lieblich, unberüchtigt,
vor Schreck zusammenzucken lässt,
wohlwissend, dass das Leben kurz ist,
aber sein Hinterland, tief und gemütlich,
steht uns immer zur Verfügung.

Die besten aber, die da vorne
in der ersten Reihe stolpern,
sind chronisch übermüdet. Und jeder neue Sieg
ist Beute falscher Uneigennützigkeit.

Im so gemütlich tiefen Hinterland
kichern diese lieben
und braven,
anständigen Gestalten,
sie lachen sich ins Fäustchen
über das ganze Leid der Schuftenden.

Arbeitstag II

Wo bist du, teurer Zeitgenosse,
Bruder,
behaupte nicht die Barrikaden
zu übersehen und zu kämpfen
nur wegen Vorteilen und Gütern.

Wo bist du, teurer Zeitgenosse,
Freund,
du, größter aller Menschen?
Das All durchqueren deine Schritte
und trotzdem weißt du wie vergänglich,
geweiht dem kurzen Leben
und viel zu lange tot du bist.
Nicht nur eine Ära überlebt hast du,
die Zukunft wirst du bald bezwingen,
nur Schritt zu halten mit der Zeit -
kannst du es wirklich?

Soll ich jetzt gehen …
Bevor ihr da wart,
meine Freunde
und Kollegen,
waren gähnend leer eure Arbeitsplätze,
jetzt aber sind wir alle ein Ganzes -
vom Ersten bis zum Letzten.

Leer war der Raum und in Gedanken
sprach ich mit jedem einzelnen,
ihr schweigt, warum denn sagt ihr nichts,
verzeiht,
ich weiß: ihr mögt es nicht
zu plappern, wenn die Zeit zu knapp ist.
Wann seid ihr bloß hereingekommen,
ich hab es nicht bemerkt,
habt ihr nicht gehört
wie ich mit meinen Sorgen streite?

Ich verstehe -
ihr seid nicht bloß beschäftigt
mit euch selbst, sondern
mit vielen anderen Lasten,
aber ich weiß, dass alles,
was wir uns aufgebürdet haben,
uns nicht wird knicken lassen,
auch die Zukunft … nicht.
Seid mir gegrüßt!
Du, Arbeitstag, mach' weiter!

Sommer in Ochrid

Ochrid, Sommer, ein Lied -
ein Lied der Fischer, mit ihm
brachte der Wind
alte Aromen.
Die Häuser sind weiß -
Perlen aus Muscheln und Glas.
Im klaren Ochrider See
dunkelt die Schwarze Drina.

Die Boote kehren zurück,
der Fisch wirft sich umher,
vom Sommer am Ochrider See
werde ich zärtlich umgarnt.
Die Nächte am Himmel sticken
den silberglänzenden Umhang.
Meine Berührung befreit deinen Blick,
deine Augen - sternengleich - strahlen.

Wir sind wild, wir sind jung,*
meine schöne Biljana, heimlich,
wie im Volkslied wirst du entführt
von mir - dann heiraten wir einfach!

---

* Die kursiv gesetzten Verse sind die Refrains im entsprechenden Lied.
(*Anm. des Autors*).

Welt

Unglaublich, diese Stille leuchtet,
sie senkt sich jetzt auf unser Haupt.
Die Seelen sind ermattet - Vorfreude
auf langersehnte Ruhe.

Wir beide können nicht einschlafen,
die Hände reden miteinander stumm,
die Liebesfibel blättern wir jetzt um,
der Ruf nach Zärtlichkeit ist so verwundbar!

Wir bleiben wach, in Träumen schwebend.
Die Welt vor uns ist einfach riesengroß.
Im Augenblick jedoch, in dem die Träne fällt,
sind du und ich
            allein
               die Welt!

Bruchstücke

1.

Nehmen wir uns ein Beispiel an den Vögeln:
Sie ernähren sich von einer Handvoll Körner,
fliegen aber hoch.

2.

Der Schriftsteller muss wie ein Kamel sein:
Er muss Hunger, Durst und lange Wege aushalten.
Der Rest ist Frage der Begabung.

3.

Die Einsamkeit
ist der intimste Freund
des Schaffenden.

4.

Die Scheu
ist das hübscheste Kleid
des Nacktseins.

5.

Wenn die Frau weint,
leidet der Mann …
Wenn der Mann weint, jubiliert die Frau.

6.

Die Gedanken
sind die Flügel des Tüchtigen
und die Ketten des Faulen.

7.

Die Windrichtung
ist immer
vorwärts.

8.

Die Spitze
ist oft der Anfang
des Abgrunds.

9.

Der Verliebte ist blind,
aber mutig
und zögert nicht.

10.

Der Unterschied
zwischen Geburt und Tod
sind die Jahre dazwischen.

11.

Die Kunst ist ewig,
das Leben jedoch
ist ewiger.

12.

Gott ist ein einziger,
die Menschen aber
vielerlei.

13.

Der Neid
tötet
den Neidischen.

14.

Verzeihen tut
nur
der Starke.

15.

Die Grenzen sind
die sinnlosesten, die überflüssigsten
Linien auf der Weltkarte.

16.

Die Aphorismen
sind Rechtfertigung angesichts
der menschlichen Dummheit.

17.

Die verspätete Liebe
ist beständiger
als die zu frühe.

18.

Der Wind ist ein unberechenbarer Liebhaber -
er kann bestäuben,
aber auch zerstören.

19.

Kinder sind
die engelgleiche Unbefleckheit
der Liebe.

20.

Man kann die Liebe nicht sparen und anhäufen.
Je mehr du sie ausgibst,
desto mehr bekommst du.

21.

Die Liebe ist so sehr verschieden
und so sehr gleich -
wie das Maß der Schönheit.

22.

Halte an, schau dich um, höre in dein Herz
hinein und sollte in Dir kein Tropfen Liebe sein,
mach einfach nicht weiter.

23.

Das Leid
ist die letzte Zuflucht
der Liebe.

24.

Wenn wir uns der großen Liebe schämen
und sie mit aller Macht in uns ersticken,
sind wir ihrer nicht reif genug.

25.

Die grundlose Eiversucht
ist der beste Grund
für die Untreue.

26.

Warum tun wir
den größten Schmerz jenem an,
den wir lieben?

Chronik der Todes und der Hoffnung

1.

Eine Frau verkauft Zeitungen
an der Bushaltestelle am Boulevard,
aus der Unterführung quillt am Nachmittag
der Gesang eines Barden.

Der Tag unter der Haube des Bettlers
zieht an uns vorbei, macht den Gang
des Invaliden nach, trinkt verärgert
das Halbe schalen Biers aus.

Es ziehen rasend an allem vorbei
die Autos - hundert Leben ist der Preis …
Der Lohn des ehrlichen Arbeiters
ist heutzutage symbolisch …

Was für ein Gemetzel der Gefühle -
unsere Träume fließen den Abfluss hinunter,
jemand treibt Unzucht mit unserer Unschuld,
bleibt unantastbar brutal.

In der Zuflucht des Schicksals,
herrscht Zerstörung und wir
schnappen nach Luft und Raum -
vergeblich. Kriechen halberschlagen dahin.

2.

An der Busstation am Boulevard
verkauft die kleine Frau Nachrichten.
Die Sonne, diese goldene Axt
hängt über den Seelen der Armen.

Gleichgültig ziehen die Autofahrer
in ihrer Luxusfrechheit vorbei,
nur der verdreckte Asphalt
ähnelt der Piste eilend zum Tod -

alle Richtungen führen dahin,
das Gewesene und das Kommende.
Das Jetzt ist einfach die Pfütze
mit vielfacher düsterer Spiegelung.

Kaum weiß man noch etwas von
Versammlungen und Plakaten.
Es stinkt nach Unzucht und Schimmel,
jede Unterführung - die Hekatombe.

Wer einmal abrutscht, kommt nie wieder
aus der Tiefe heraus - dort verschmelzen
alle Richtungen im krisenhaften Dunklen
kein Licht, kein Wasser sickert durch …

Was davon ist Eingang, was Ausgang?
Wo ist oben, wo unten?
Dort schweben nur Geister und Fledermäuse
und hören tut man einzig Klagerufe.

Der Schrei ertönt, das Lied verhallt …
Niemand hier hört dem anderen zu.
Und, taub geworden, hängt sich auf der Tag
die giftige Rauchschlinge um den Hals.

3.

Die Zeitungsfrau wartet still
auf Nachrichten-Kunden,
aus der Unterführung quillt das Dunkel
heraus, dringt ihr ins Herz hinein.

Sollte der Morgen wieder hell werden,
sollten wir noch nicht ganz tot sein,
noch nicht vollkommen blind, würden wir
den schwarzen Asphalt durchbrechen.

Der Qualen-Krater würden gähnen,
und wir darüber Brücken bauen,
verbinden würden wir den Tag mit Nacht
und würden wieder hoffen!

Wir würden wieder leiden an den News,
die Misserfolge würden wir bedauern
und neu arbeiten, wieder unersättlich
bis wir verwelken, ehrlich und gerecht …

4.

An der Busstation des Boulevards
verkauft eine Frau Zeitungen
und niemand löst sie mehr ab -
ihr Mann hat den Barden erstochen.

Er war eifersüchtig auf alle -
auf Kunden, auf Bettler,
schlug sie zu Hause und fluchte
den Frauenhunger nach Komplimenten.

Womit hätte sie sonst den Hunger gestillt?
Zärtlichkeit gab es nicht mehr.
Seine besoffenen Freunde musste sie
mit Bauchtanz auf dem Esstisch beschenken.

Ihr einziges kleines Glück war
ein schönes Lied, eine leise Melodie
unten in der Unterführung gespielt
und in der Vene - die Dosis Kokain.

Einmal im Dunklen gestochen - und du
gewöhnst dich so harmlos daran
als wärest du mit der Droge verlobt
und nimmst sie endlich zum Mann.

5.

In einem regnerischen Nebelmorgen
machte die Frau zuerst den Stand auf,
die Presse-Blätter kamen an, die Tauben
kämpften blutig für einen Bissen Brot.

Sie überflog ihr eigenes Horoskop,
erblickte den Text mit dem vertrauten Bild:
ihr eigener Mann, abgedüst nach Europa
mit irgendeinem feinen Frauenzimmer.

Verhaftet sei er an der Grenze
angeklagt für Raub und Mord!!!
Die Ehefrau rannte sofort
zu Richtern und zu Rechtsanwälten.

Verhandelte, zahlte sogar mit sich selbst,
verkaufte das ganze Hausinventar.
Gott rief sie zu sich und sie starb
obdachlos, mannlos, ohne ihr täglich Brot …

6.

Witwer, Mörder und Taugenichts -
den sprachen sie baldigst frei.
Wen wundert's, in unserer Zeit
fehlt es an Menschen sogar im Gefängnis.

Da irrte der Mann draußen im Freien,
verkaufte Zeitungen an der Bushaltestelle.
In der Unterführung klimpert jemand Gitarre,
singt ein Lied wie die Nachtigall.

Ein Witwer, ein Zeitungsverkäufer steht
täglich hinterm Stand am Boulevard,
lauscht dem Gesang, mit einem Penny eilte er
zum Hut des singenden Barden.

Nichts Besseres geschieht auf Dauer,
die Nachrichten sind immer gleich
und wiederholen sich … Wie Lava
quillt die Wut, erlischt versteinert.

Illusionen werden in uns sprießen,
der Mob wird triumphieren
bis jemand ihm die Schlinge
des Satans umlegt.

Der Mann wird endlich blass erwachen,
zwei Balken für sein Kreuz geschultert,
wird suchen, in der Blumen- und Unkraut-Asche,
den eigenen Tod und Auferstehung.

Wie soll es aber werden, dass er wieder
die eigene Frau zärtlich liebt, wie soll er
in den verkohlten Boden des Horizonts
wieder ein Körnchen Hoffnung sähen?

.

Der Künstler

An Vladimir Penev

Er pflückt die Blume nicht um sie zu malen.
Er ruft und kost die Vögel, das Getier.
Er tunkt den Pinsel nicht in den Vesuv.
Die ihm posieren, nimmt er nicht aufs Korn.
Vater von *Mutter Natur* bleibt er für immer,
verbindet das Himmlische mit der Erde
dank seinem Spiegel - seiner Palette.
Alles Zerbrochene fügt er zusammen.
Was ist das bloß für ein Karma, Magie?
Du kommst in seine Bilder hinein, kommst
heraus durch Rahmen, Leinwand, Papier …
Sie bleiben unversehrt und du - durchstochen
vom Denken, von Gestalten, Licht …
Er nimmt dich an die Hand und führt dich,
als seiest du das Kind, durch seine Kathedrale,
durch seine Innengalerie Gedankenwelt.
Die ganze Demut und die Gläubigkeit,
die freudig aus den Bildern sprießen,
ist einfach Überwindung vom Schmerz
der Unerhörten und der Nichtbegnadeten,
Geborenen, doch brach gebliebenen Talente.
Der Künstler restauriert nicht das Gewesene
um unseren Planeten die Titanic zu erretten.
Die Hoffnung lässt er nur in seinen Bildern
aus frischesten Ruinen auferstehen.

GITARRE UND STIMME

Meine Gitarre

Sie rettet mich wieder, meine Gitarre, vor Schweigen,
vor düsterem Denken. Ihre Stimme, erhaben,
laut oder flüsternd, klingt manchmal wie eine
zarte Glocke, dann wie Kathedralen-Donner.
Ihr Klang, der meines unvorhersehbaren
Herzensrhythmus´, wird tröstendes Flüstern
im Alltagsgetöse. Plötzlich klingt jede Saite
wie ein angespannter Revolver-Abzug.

Meine Gitarre schreit in der Stille auf,
drosselt die Stimme beim großen Geschrei,
weint freudig in Liedern, gefühlvoll und zart,
verschluckt sich vor Trauer, lacht laut.

Ein anderer wird sie kaum besitzen
können. Traurig, leer wird sie ohne mich.
Liebkosen darf sie nur meine Geliebte,
küssen darf meine Gitarre nur sie.

Dann singt die Gitarre aus vollem Hals,
sieh die Träne, die auf den Saiten glänzt,
höre die Stimme des Liebesrefrains,
die einzige unwiederholbare Melodie.

Stress

Einsame Menschen, wie viele davon
gibt es in dieser riesigen Stadt! Stolz
gehen sie durch das Gewimmel, schleppen
ihre Seelenhöhle hinter sich her.

Latschen durch den verdichteten Horror,
niemand interessiert sich für sie,
unter der Last des nichtsnutzigen Schicksals
verstecken sie ihren Stress gekonnt.

Wenn wir versuchen sie zu vergessen,
stürzt unser Gewissen unter der Last.
An uns vorbei - gleichgültig, gestresst …
Und wir, ihnen gleich, schauen nach!

Romanze

Die Nacht kam als sommergebrannte Zigeunerin
mit feurigem Blick und üppigem Rock aus Volants,
verschwörerisch zwinkerten ihr die Sterne zu,
nur der Mond versteckte sein Gesicht - vor Scham.
Dunkle Sommersprossen schienen auf ihrem wohlig
schaudernden Rücken. Unter meinen Fingern
rutschte der Wind hinab - verstummt auf dem
traurigen Ast ihrer erstickten Trauer.

Sie wanden sich, die zwei anmutigen Berge,
hingegossen in gierigem Verlangen,
ungeduldig stieg das Licht der Kerze
die steile Treppe hinauf, flammte auf und brannte
aus, ergoss sich ins Tal ihrer glänzenden Haut …

Der Neid, die Eifersucht übersehener Feen
wird stürmen, wird massakrieren … Verwundet,
wird sich die Pracht des Volants-Rocks stumm,
wild und verzweifelt hin und her drehen.

Am Ende der Nacht bin ich mit Blut bespritzt,
du, meine Zigeunerin mit dem Mondgesicht!

Wunde

Es ist zu spät gut sein zu wollen -
ich habe dir alles verziehen!
Die Liebe ist ein ewiger Wald
mit zartem Gras, kaum sprießend.
Das Gesetz der Leidenschaft, uralt,
wird zur Mumie, sobald wir einander
mit beleidigten, zusammengekniffenen
Lippen küssen.

Einen Augenblick lang nur schmerzt es,
mag sein, die Zärtlichkeit aber
verlässt mich für lange als hätten
schwarze Hähne meine Gefühle
mit Schnäbeln zerhackt.

Und wenn ich doch wieder aufstöhne
und die Liebe aufs Neue blutet,
flüsterst du leise demütig:
Vergiss, vergiss es, vergiss es nur!

Es ist leider zu spät, dass du mich
um Liebkosung, um Vergebung bittest!
Ich bin nicht einmal böse, nur gehen
werde ich - ich wünsche dir Glück!

Jeder von uns trägt seine Schuld allein.
Die Liebe straft uns mit Hass.
Wenn sie zum Krieg wird oder fast …
lass uns das gute Erinnern behalten.
Die Augen durch Tränen gereinigt
soll jeder die eigene Rettung suchen.
Schweige nur, schweige, schweige …
Alles Weitere ist die Dünung.

Geliebtes Mädchen

Sie ist das Mädchen, das ich
ein Leben lang liebe. Sie ist
das lichte Fenster, Heilmittel
für alle Manneswunden.
Sie ist die Frau, die einfach
für immer ein Mädchen bleibt,
auch wenn die Jahre, an uns vorbei
fließend, unmerklich verstreichen.

Sie ist und bleibt das Mädchen,
sinnlich und weise zugleich.
Sie überschüttet mich mit Konfetti,
sie brabbelt Sentenzen und lacht.
Sie ist mein Mädchen - die Frau,
die ich liebkose so zart wie ein Hauch.
Da brennt eine dunkle Wimper
und eine Träne - mir in der Hand.

*Sie ist das Mädchen, das einfach
nicht eilt, bei mir bleibt und, dank ihr,
bleib ich auf immer ein Junge
im besten Mannesalter.*

Theater

in Erinnerung an Ljubomir Tanev

Pflanzt mich in die Grundmauern der Bühne,
durch die Lücken zwischen den Brettern
werde ich Juliettas Aufstöhnen hören
und Hamlet, der seinen Vater rächt.

Pflanzt mich in die Grundmauern der Bühne,
unter den Schritten der Schauspiel-Anfänger.
Da werde ich den Staub der Genies atmen
und ihre Fehler verbessern.

Vergesst mich in den Grundmauern der Bühne
damit ich alles weiß und auswendig kann,
ich, der die unsterblichen Worte flüstert und,
wie ein Souffleur, jede peinliche Situation rettet.

Vergesst mich in den Grundmauern der Bühne,
auf dass ich läch´le und auch streng sein kann,
dass ich vom Tode bis zur Auferstehung
den eigenen Epilog vertagen darf.

Vergesst mich in den Grundmauern der Bühne,
so wird die Welt niemals zusammenbrechen.
Und wenn Ihr zufällig dort landet, bei mir unten,
nach oben jage ich euch wieder schnellstens.

Findet mich in den Grundmauern der Bühne,
da soll mich Lampenfieber wieder plagen,
und lasst das Publikum, zu Tränen gerührt,
gehen und etwas von mir nach Hause tragen.

Blagoevgrad *

Geboren bin ich hier, in Blagoevgrad.
Egal wohin ich gehe oder streune,
kehre wieder heim, bin niemals alt
reich an Gedichten und an Freunden.
Zum ersten Mal war ich betäubt
von deiner Luft, dem Brot, dem Wein,
von Dir, Heimat, ganz in mir
und ich in Dir - wir zwei, vereint.

Ich trage Dich in meiner Brust
wie Taufe, wie Errettung.
Der Anfang meines Weges - das bist Du,
Du Stadt, Du Nest - mein All.
Mein All, erfüllt mit Liebe,
mit Leidenschaft - so alt und frisch,
Du, meine Hoffnung, meine Stadt,
sei gesegnet von mir.

Umarmen will ich Dich, Blagoevgrad,
samt Rila**, Bistritsa***, Varosha****, Struma*****!
Den alten Platz im Zentrum meiner Stadt
durchquere ich - und ihre Zukunft.*

---

*	die Geburtsstadt des Autors im Süden Bulgariens
**	Das höchste Gebirge des Landes
***	Fluss im Süden
****	Synonym für Anhöhe
*****	Fluss im Südwesten (Anm. der Übers.)

Eden

Es ist gemütlich. Der Garten ist das Paradies.
Sternbilder sind verflochten mit den Ästen.
Erblindet sind die Herzen, applaudieren,
und alle Äpfel aus der Bibel sind gegessen.

Gekämmt sind deine Haare, nur dein Scheitel
verwirrte mich, und ließ mich schwanken.
Vom Sturm getrübt sind alle Quellen,
von gegenseitiger Liebkosung sind wir gemeißelt.

Die Nacht ist warm, unruhig. Gänsehaut.
Im Nest gelandet sind die Kleider.
Zwei nackte Gespenster in der Nacht
sind wir - von Gott geschleudert in die Hölle.

Realität und Mystik

Deine Abwesenheit schmerzt.
Ein Augenblick ohne Dich - eine Strafe
dafür, dass wir so lange gewesen
nicht verstehend und unverstanden.
Unsere Liebe ist keine Todsünde,
sie ist weder zu spät, noch verfrüht.
Die vergeudete Zeit, jede Stunde
davon hat mir die Kraft bewahrt
jetzt gut zu sein mit dir und zart,
zu leben damit ich dich liebe …
Die Liebe überlebt auch jeden Tod,
die Liebe - Realität und Mystik.

Durst

Die Dürre zeichnet schwarze
Todes-Hieroglyphen auf der Erde.

Die Schatten hängen schlaff, verbrennen
beim letzten Seufzer Wasserdampf.

Die Schatten steigen - Himmelfahrt
zum Krater, der in der Weite klafft.

Gesengte Vogelherzen fallen
vom Himmel - winzige Sonnen ...

Was haben wir uns den Sommer
gewünscht, nicht die flammende Hölle.

Dürre herrscht ... Doch wir sind jung,
dürsten nach Sintflut und Scheiterhaufen!

Ballade von der Sünde

Mein trauriges Mädchen, verzeih
meine Frechheit - die eines Bengels!
Ich vergaß deinen Namen sogar,
bekam Angst vor mir selbst.

Da brannte mein Haupt, ich fiel
in den Abgrund mit dir,
da war der Scheiterhaufen
mit heilendem Feuer.

Wir sanken beide bis auf den Grund
sorglos und begeistert,
liebkosten die eigenen Schatten,
waren schläfrig und trunken.

Ohne Andenken an Einsamkeit
streckte ich Flügel aus und flog,
deine Zöpfe lagen da unten jedoch
unter Klagerufen und Asche.

Als ich endlich anhielt, suchte ich dich
die Flügel mit dir auszubreiten.
Es war aber leider zu spät, genau
wie es gestern zu früh gewesen.

Traum

Schlaf wenigstens kurz ein,
ruh dich aus
im gespannten,
bedrückenden Warten.
Träume von mir
wie ich sanft
zu dir komme,
Hindernisse und
Zeit durchquert.
Wiege dich wie ein Feld
mit schwerem Korn,
flüstere etwas im Schlaf,
wache nicht auf ...
Einmal erwacht,
bin ich wieder bei dir,
überflüssig wird
jeder Traum.

Abschiedsgedicht

Nun, ich erreiche bloß den kalten Zaun,
und seine scharfe Kante schneidet
einzig den Sonnenuntergang durch.
Sein Blut erkaltet, nachgedunkelt
mit dem Horizont, und sickert in die Erde.
Ich kehre hungrig ins Gemach zurück.
Die alte Feuerstelle heize ich mit Wein,
halte mich warm an glimmenden Zweifeln
bis zum Ansturm der neuen Saison.

Wahrscheinlich werde ich erfolgreich
die Seele, leise stöhnend, irreführen.
Vögel werden mir mit Abschiedsflügeln
winken, gejagt von Schatten Richtung Süden.
Wie gerne hörte ich sie singen! Die Tage
traurig schmelzen nur dahin. Nicht einmal
lächeln sie, verstecken den Schrecken nicht,
dass ein anderer den Zaun durchbricht.
Nicht ich.

****

Für jenes, das uns trennt,
fehlen mir die Worte.
Anziehung kann mich trösten.
Bleibt unser blinder Sonntag aus
und werden wir nie Mann und Frau,
und die Vernichtung ausbleibt,
werden sich die Seelen weiter suchen.

Wir werden umherirren - asymmetrische Figuren,
die nur gemeinsam die Symmetrie
erreichen können.
Sie aber setzt uns unter Drogen
ein-zwei Augenblicke lang.
Danach wird ungemütlich das All.

Gesegnet sei der Friede,
die Gemütlichkeit des Augenblicks,
die Launen unseres Fleisches!
Verrückt wirst du vor Einsamkeit,
unglücklicher in kosmischer Unendlichkeit.

Verlangen

Klammere dich nicht an mich,
sei einfach du selbst.

Zwei Verliebte sind keineswegs
Siamesische Zwillinge.

Fürchte dich nicht allein
mit deiner Liebe zu bleiben.

Glaub mir, alles ist besser
als nicht zu lieben.

Mach nicht das Nest
zum Gefängnis.

Nähst du die Segel wieder zu?
Ich stopfe den Durchbruch,

schöpfe das Wasser aus dem
sinkenden Boot. Los, in die Nacht

hinaus! Uns wird das Verlangen
überm brodelnden Abgrund wiegen

auf dass wir fliegen und sinken,
Feuer fangen und untergehen …

Wir haben dem Sturm widerstanden,
der Müdigkeit und der Kälte.

Doch schleicht sich in uns die Angst
vor der Windstille ein ...

Die Vögel wagen es, breiten Flügel
gegen den Wind aus und fliegen!

Der zweite Name der Liebe
ist Freiheit!

Trennung

Du entfernst dich mit jedem Schritt
weiter von mir, ich folge dir nicht,
ich bleibe hier, warte auf dich.
Wenn du dich am fernsten glaubst,
triffst du mich wieder,
die Erde ist rund.
Dann gehe ich.
Jeder muss
seinen eigenen Weg
zum anderen
zurücklegen.

Windstille

Ich will nicht mehr zurück,
ich kann nicht weiter,
auch wenn die Träume gleich sind
blieb nur der Schmerz vom Feuer,
die Asche vom Gefühl, die Narben
der Wunden ergraut, die Seele
untröstlich, treibt Unzucht, hungert
nach Liebkosung, nach einem Wort
nicht hinterhältig, einfach zart,
auf dass die Saiten neu erklingen
und dieses Lied zur Hoffnung wird
und führt in die Unendlichkeit,
und uns das Licht umhüllt, damit
wir voll auskosten und genießen
uns' täglich Schicksal, so intim …
Ich werde hin und her gerissen.
Windstill, ich weiß nicht was ich tue.
Da lauert hinter mir Gewohnheit
und vor mir, neblig still, die Weite.
Wenn dieser Augenblick nicht göttlich
ist - Berührungspunkt zur Ewigkeit!
Und eine kleine Geste reicht
damit die Liebe neu erwacht.

Botevs Uhr

Die Uhr Christo Botevs* funktioniert heute noch.
Sie wird im Museum des Dichters in seiner
Heimatstadt Kalofer** aufbewahrt.

Christo Botevs eigene Uhr betrachtend,
stelle ich fest: nicht in der Museumsauslage
misst sie den Takt der Hoffnung Bulgariens,
für die der Poet in seiner Jugend starb.
Ich lausche ihrer rhythmischen Stimme,
höre den Puls lauter mutiger Herzen ...
Und ich hasse den Schall und Rauch mickriger Seelen
wenn schwarz gekleidete Mütter weinen!

Versklavt wird unser Geist nie wieder,
klingt Christo Botevs Uhr in uns fortan.
Ziehen wir sie auf, wird sie dann
weiter dichten Freiheitslieder,
sonst steht die Sklaverei uns wieder an.
Sie hört nicht auf, misst weiter
Vergangenheit und Zukunft -
ob Schande, ob Vergessen oder Ruhm,
wird Botevs Uhr unser Richter!

Ereilt uns wieder schicksalhafter Stillstand,
herrscht wieder mal Verrat an Ahnen
und Wurzeln, mit Säbel und mit Feder in der Hand
schreiben wir Botevs Opfer nach.

Die Uhr eurer Träume, eurer Herzen
sollt ihr nach Botevs Uhr stellen!
Die Freiheit unter Pseudopatrioten
und Idioten reicht nicht aus! ...

Bulgarien, der Balkan und Europa,
die Erde und der ganze Kosmos
schauen in den Spiegel dieser Uhr Botevs -
Verderben, Rettung - was sehen sie dort?

Die Uhr Botevs - sie ticktackt in uns,
das Schicksal schlägt die letzte Stunde,
der Tod erwartet uns oder der Ruhm -
das wird abmessen seine Uhr!

Beschwert, fast atemlos im Alltag,
obwohl so müde, so problembeladen,
von einer Generation zur anderen
schlägt Botevs Uhr stets den Takt.

*Christo Botev (1848-1876) der bedeutendste Dichter Bulgariens, der
Widerstandsgedichte und Balladen schrieb, Revolutionär. Starb mit der Waffe in
der Hand im Kampf gegen die Osmanen. Beispielloses Symbol der
Übereinstimmung von Wort und Tat. (Anm. der Übers.);
** Kalofer – kleine Stadt im Mittelbulgarien.

Befreiung

an Wassil Levski

Unsterblich bist Du, unser Diakon,
behauptet man, schwört Dir zu dienen.
Ich weiß, Du bist gerecht und lustig,
ich weiß, Du kniest nur vor Bulgarien.
Die fremden und die eigenen Feinde
legen dem Volk das Geschirr des Jochs
neu an. Ihre unersättliche Gier, oh, Gott,
nährt sich von Blut, von Fleisch, von unserem Stolz.

Die Verräter, die leben ungestört weiter,
zimmern Särge, stricken genüsslich Intrigen,
fragen täglich nach Deiner neuen Adresse, flechten
Dir Aureolen aus Galgenstricken.

Du hast keine Familie, keine Grabstätte.
Leben noch Deine Apostel? Heute
bist Du der Bruder der leidenden Sklaven.
Du weißt: um Freiheit wird niemals gebettelt …
Überall bist du, mit der Kraft eines Löwen
überspringst Du den Balkan, ganze Epochen.
Man sagt, Du seiest nicht besonders groß,
überragst aber den Galgen bei Sofia.

In jedem Haus ein willkommener Gast. *Warum*
aber hängt in Schenken, in jedem Büro, überall
an der Wand, gewaltig an Kraft, Dein Portrait,
wird von Feinden als Zierde missbraucht?

Ich weiß: Du passt in keinen faulen Kanon
hinein, Du bist ein Mensch - keine Ikone,
Du hast ein Denkmal, Museen, ein Stadion...
in einem Staat, in einer Klimazone!
Du trägst ein Kreuz, Revolver, Dolch ...
Jahrhunderte Gefangensein im Verlies
besiegtest du mit dem Kopf, mit der List.

Sag, wie könnten Deine Augen das graue
Leben erleuchten, wenn es schwarz wird,
und die Schwur vor Kreuz, Revolver und Dolch
die Zweifel vernichten, die Schande,
damit wir, im Kerker der Finsternis dieser Zeit,
die Befreiung neu wagen!

---

* Wassil Levski - der Löwe,(1837-1873), Mönch, Diakon, Revolutionär, Vater
und Organisator der bulgarischen Widerstandsbewegung gegen die Osmanen,
gehängt bei Sofia. (Anm. der Übers.)

Arche Noah

Die Liebe wird überleben
die Reste der Politik
über Bord alles wird tot
sein das Vergessen wird
dafür sorgen, dass es kein
Waffenarsenal mehr gibt.
Wir werden den Rost segnen
der alle Guillotinen zerfrisst
auf der Verwesung wird
ewig blühen das Leben
und niemand mehr sterben
außer vor erlebter Leidenschaft
oder ungeteilter Zärtlichkeit.

Inhaltsverzeichnis

Dimitar Christov (Familienname *Chernyaev*), geb. 1957 in Blagoevgrad, ist ein bulgarischer Dichter, Dramaturg und Übersetzer. Kindheit in der Hauptstadt Sofia, Studium der bulgarischen Philologie und Rhetorik an der *Hl. Kliment Ochridski*-Universität, ebd. Als Referent beim Bulgarischen Schriftstellerverband war er zuständig für Fragen der Lyrik, war Hauptredakteur der führenden lit. Ztgn. *Bulgarski pisatel* u. *Literaturen Magazin*, sowie des Verlags *Sedan*. Vorsitzender des Vereins der Buchvertreiber Bulgariens, des Literatur-Kabinetts der jungen Schriftsteller, der Lesestube *Nikolaj Hajtov* in Sofia. Autor und Moderator der allwöchentlichen Fernsehsendung *Zeit für Poesie* und Hauptexperte für Literatur beim Kultusministerium. Direktor des bulgarischen Kultur-Instituts in Skopje und des Bulgarischen Schriftstellerverbandes.

Dimitar Christov ist Träger zahlreicher nationaler und internationaler Literaturpreise. Übersetzungen seiner Gedichte und Theaterstücke liegen auf Russisch, Ukrainisch, Französisch, Polnisch, Serbisch, Albanisch u.a. vor. Er spielt Gitarre, vertont auch eigene Gedichte zu Liedern, die er selbst auf Lesungen vorträgt. Er ist Mitglied des Bulgarischen Schriftstellerverbandes und des Bulgarischen Journalistenverbandes.

Klagelieder und Trinksprüche ist die erste Übersetzung seiner Werke ins Deutsche.

Kurzbiographie der Übersetzerin:

Rumjana Zacharieva, geb. 1950 in Bulgarien, deutsch- und bulgarischsprachige Schriftstellerin. 1964 erste Veröffentlichungen in der überregionalen Presse Bulgariens. Englischsprachiges Gymnasium. 1970 Übersiedlung in die BRD ohne Deutschkenntnisse. Studium der Anglistik und Slawistik - Universität Bonn, m. a. 1977. Stipendiatin der Kunststiftung NRW, der LESE u.a. Seit 1975 schreibt sie in Deutsch: Gedichte, Hörspiele, Kurz- und Kindergeschichten; Romane u.a. *7 Kilo Zeit* - 1991, 1993, 1999, 2006, 2012; 2018 bulgarisch als *Handschuhe für den Kalten Krieg* und 2020 als *Maminkas Sommerküche*. Sie übersetzte Werke von Konstantin Pavlov, Blaga Dimitrova, Radoj Ralin, Ivajlo Petrov, Nikolaj Tabakov; 2021 erscheinen eine Anthologie bulg. Lyrik, Novellen von Zlatimir Kolarov und ein Sammelband von Angela. Dimcheva Rumjana Zacharieva ist Mitglied des Deutschen PEN seit 2015 und des Bulgarischen Schriftstellerverbandes seit 2019.

Bücher von Jan Turovski bei Andiamo:

Das rote Bonbon, Short Stories, 2021, kartoniert,
252 Seiten, 13.90 € - ISBN 978-3-7534-3083-3

Fünfter Bezirk, Paris Gedichte, *2020, kartoniert.*
168 Seiten, 12.90 € - ISBN 978-3-7526-7943-4

Die Spur der Louise B., Roman, 2020, kartoniert,
225 Seiten, 13.90 € - ISBN 978-3-7519-7408-0

Nowhere Point, Roman, 2020, kartoniert,
180 Seiten, 12.90 € - ISBN 978-3-7504-5811-6

Madame Bourgin, Roman, 2018, kartoniert,
151 Seiten, 12.00 € - ISBN 978-3-748112-46-4

Kopanski kehrt zurück, Roman, 2018, kartoniert,
192 Seiten, 13.90 € - ISBN 978-3-746080-74-1

Die Sonntage des Herrn Kopanski, Roman, 2018,
kartoniert, 260 Seiten, Neuausgabe,
13.90 € - ISBN 978-3-746043-07-4

Der Fall Odile Féret, Roman, 2017, kartoniert,
204 Seiten, 13.90 € - ISBN 978-3-936625-85-1

Polnische Dörfer, Roman, 2016, kartoniert,
220 Seiten, 13.90 € - ISBN 978-3-936625-80-6

Millingers Bart, Roman, 2016, kartoniert,
236 Seiten, 13.90 € - ISBN 978-3-936625-79-0

Almuts Affären, Roman, 2015, kartoniert,
200 Seiten, 13.90 € - ISBN 978-3-936625-78-3

Der lange Arm, Roman, 2015, kartoniert,
196 Seiten, 13.90 € - ISBN 978-3-936625-57-8

Das sprichwörtliche Leben, Roman, 2014, kartoniert,
184 Seiten, 13.90 € - 2. Auflage 2015,
ISBN 978-3-936625-77-6

Sophie fatale ..., Roman, 2014, kartoniert,
200 Seiten, 13.90 € - 2. Auflage 2015,
ISBN 978-3-936625-75-2

Der Rücken des Vaters, Roman, 2013, kartoniert,
156 Seiten, 12.00 € - 3. Auflage 2015,
ISBN 978-3-936625-76-9

Empfehlungen:

Darina Schneider: *Sehsucht,* Gedichte,
48 Seiten, Hardcover mit Schutzumschlag,
ISBN 978-3-936625-84-4, 14.80 €

Rumjana Zacharieva: *Am Grund der Zeit,* Gedichte,
116 Seiten, kartoniert,
ISBN 978-3-936625-20-2, 12.90 €

Werkauswahl Klaus Servene bei Andiamo:

Band 1: *Wilder Honig* - Lyrik, Essays, Szenen,
262 Seiten, kartoniert,
ISBN 978-3-936625-68-4, 14.80 €

Band 2: *Und über uns - die Brücke der Erwartung,*
Erzählungen, 192 Seiten, kartoniert,
ISBN 978-3-936625-70-7, 12.90 €

Band 3: *Fell & Seife* - Zwei Romane,
212 Seiten, kartoniert,
ISBN 978-3-936625-17-2, 13.90 €

Band 4: Hitzkopf, Roman,
204 Seiten, kartoniert,
ISBN 978-3-936625-12-7, 14.80 €

Aus der Enge, Gedichte und Textamente,
84 Seiten, Hardcover, Schutzumschlag,
ISBN 978-3-936625-67-7, 14.80 €